EL PRESIDENTE PURR-FECTO

Mike Seirots

LA VIDA ANTERIOR DE SEÑOR MIAU

Al Señor Miau le gustaba llevar una vida sencilla. Era simplemente un gato común y corriente que vivía su vida pacíficamente en la capital de los Estados Unidos de América. Había sido un habitual y una de las figuras más populares del barrio de Georgetown en Washington D.C. durante muchos años.

Su dueña, una simpática anciana llamada señora Jenkins, solía decir, en tono de broma, que si el Señor Miau fuera un hombre podría dedicarse a actividades políticas, gracias a su encantador ronroneo y a su capacidad para echar una siesta incluso por la mañana. reuniones más controvertidas.

Sin embargo, algo inimaginable estaba a punto de sucederle a este simpático y tranquilo gato. Su tranquila vida pronto cambiaría radicalmente.

EL CANDIDATO IMPROBABLE

En un hermoso día soleado, en la ciudad de Washington, se llevó a cabo una reunión para elegir candidatos para las próximas elecciones a la presidencia de Estados Unidos. No se sabe si por error o en broma alguien decidió incluir el nombre de Señor Miau en la lista de candidatos a presidente de Estados Unidos.

Muchos pensaron que era un error o un error, pero cuando se dieron cuenta, la lista de candidatos ya no se podía cambiar. Su nombre acabó siendo incluido en la lista que se presentó a los votantes.

El nuevo candidato felino empezó a hacerse muy popular entre un grupo de estudiantes universitarios. Cansados de los candidatos políticos habituales, decidieron crear un sitio web de campaña para apoyar a este nuevo tipo de candidato. Con el lema "Miau para el presidente", la plataforma prometió consagrar la introducción de "frotamiento obligatorio del vientre" como un nuevo derecho universal para todos los estadounidenses (humanos y animales).

A Internet le encantó esta idea. Los memes del adorable rostro de Señor Miau corrieron como la pólvora y, en poco tiempo, el lema "Miau para presidente" se convirtió en un tema viral en las redes sociales.

Quizás esto suene extraño, pero lo que pasó después fue aún más increíble.

EL DÍA
DE LA ELECCIÓN

Ha llegado otro típico día electoral en Estados Unidos. Ciudadanos de todo el país acudieron en masa a las urnas para elegir al próximo presidente de los Estados Unidos.

Durante la tarde comenzaron a aparecer las primeras señales extrañas. Algunas empresas encuestadoras de intención de voto comenzaron a indicar la gran probabilidad de que el nombre del Señor Miau apareciera junto a los candidatos más votados.

En un principio estas proyecciones de resultados fueron consideradas un error, pero una vez iniciado el proceso de conteo de votos, los primeros números comenzaron a apuntar en esa dirección.

Quedó claro que estaba sucediendo algo sin precedentes: ¡el candidato Señor Miau corría el riesgo de ganar las elecciones americanas!

EL RESULTADO OFICIAL

Finalmente se anunció el resultado oficial: el Señor Miau había sido elegido nuevo presidente de los EE.UU. con un margen de victoria aplastante. La nación estadounidense estaba en shock.

Señor Miau, un gato de pelo doméstico Suave y de ojos brillantes, era el nuevo líder oficial de los Estados Unidos de América.

Lo impensable realmente había sucedido. El Señor Miau había ganado las elecciones, convirtiéndose en el primer presidente felino de los Estados Unidos.

A medida que se difundió la noticia de este resultado electoral sin precedentes, la gente de todo el mundo quedó perpleja e intrigada por el nuevo líder, que sólo podía comunicarse a través de suaves maullidos.

La noticia causó conmoción en todo el mundo y las redes sociales se inundaron de chistes sobre el nuevo presidente felino.

La gente quedó asombrada, confundida y algunos incluso indignada. ¿Cómo pudo un gato, una criatura que pasaba la mayor parte del día durmiendo y comiendo, liderar el país más grande del mundo libre?

¿Cómo podría un gato, sin experiencia política, convertirse en líder del mundo libre?

El Colegio Electoral Estadounidense estaba alborotado: algunos miembros exigían un recuento de votos y otros insistían en que los resultados eran legítimos. Algunos miembros del gabinete presidencial incluso sugirieron celebrar nuevas elecciones, pero los expertos jurídicos más respetados de Estados Unidos rápidamente descartaron esta idea por considerarla inconstitucional.

La Constitución estadounidense no preveía ninguna disposición específica para hacer frente a tal situación, lo que dejó a la nación estadounidense sin alternativas a esta situación política sin precedentes. Algunos más optimistas incluso consideraron que el Señor Miau, debido a sus orígenes inusuales, podría aportar una perspectiva única a la gobernanza.

TOMANDO EL CONTROL

Cuando el polvo mediático se calmó, llegó el momento de que el Señor Miau prestara juramento como nuevo presidente de los Estados Unidos.

La ceremonia de inauguración fue un poco diferente a lo habitual. El simpático gato, sentado en el regazo de la señora Jenkins, colocó su pata derecha sobre la Biblia mientras escuchaba el juramento del cargo. Al final, empezó a maullar fuerte y ruidosamente. La multitud quedó sorprendida, pero rápidamente comenzó a reír y aplaudir.

El Señor Miau, ya oficialmente nuevo presidente, se dirigió entonces a su nueva residencia oficial, la Casa Blanca.

Al principio, la transición a esta nueva administración fue un poco difícil de organizar. Además de los miembros oficiales del gabinete del presidente, el Señor Miau había agregado algunos de sus mejores amigos felinos. Sin embargo, estos asesores especiales estaban más interesados en perseguir punteros láser que en reuniones políticas.

La cocina de la Casa Blanca estaba equipada con comida para gatos y el jardín de rosas se convirtió en una caja de arena gigante.

Mientras tanto, en los pasillos de la Casa Blanca, a Señor Miau le gustaba explorar todos los pasillos con la típica curiosidad de un gato. Los empleados intentaron afrontar la sorprendente situación de la mejor manera posible, intentando adaptarse a la presencia del nuevo líder.

LA NUEVA GOBERNANZA

Al asumir el cargo, el señor Miau comenzó a demostrar notables e inesperadas habilidades políticas.

A medida que los días de gobierno se convirtieron en semanas y meses, el enfoque poco ortodoxo de la política del Señor Miau comenzó a producir resultados inesperados.

Su falta de prejuicios y partidismo le permitió reunir a legisladores de extremos opuestos que no pudieron resistir los encantos del adorable líder felino.

Podía mantener la calma incluso bajo presión, sus decisiones eran consideradas y, para sorpresa de todos, era un oyente excepcional.

En lugar de hacer innumerables preguntas, observó atentamente las reuniones y al final, de manera misteriosa, logró tomar las opciones que mejor reflejaban los intereses del pueblo estadounidense.

A pesar de su falta de experiencia política y su incapacidad para hablar el lenguaje humano, el Señor Miau rápidamente se ganó el corazón de los estadounidenses con sus sabias decisiones y su fuerte sentido de empatía hacia todos los seres.

Con el paso de los días, el Señor Miau ganó cada vez más confianza del público.

Su enfoque poco convencional de la política fue refrescante y su presencia tranquilizó a los ciudadanos.

Los índices de aprobación del presidente Miau aumentaron cuando utilizó su carisma natural para negociar acuerdos y aprobar leyes que beneficiaran a todos los estadounidenses (personas y animales).

A pesar de enfrentar algunos desafíos difíciles e incluso críticas de quienes dudaban de sus habilidades, el Señor Miau continuó gobernando con gracia y compasión.

Escuchó atentamente a sus asesores y tomó decisiones decisivas que priorizaron la unidad del país sobre la división.

UN LEGADO EJEMPLAR

El país comenzó a prosperar. La economía creció, se restableció la paz en muchas regiones del mundo y los estadounidenses empezaron a sentirse más felices. Estados Unidos entró en una nueva era de paz y prosperidad, con el Señor Miau a la cabeza.

Con el paso del tiempo, incluso los más escépticos empezaron a apreciar su estilo de liderazgo tranquilo y su compromiso inquebrantable de servir a los más necesitados. Gradualmente, las tensiones que habían surgido con su elección fueron reemplazadas por la aceptación e incluso la admiración por el estilo del nuevo presidente.

La gente comenzó a unirse en torno al nuevo presidente. Supieron apreciar el humor de la situación y el adorable rostro del gato se convirtió en una presencia amigable y frecuente en periódicos y canales de televisión.

El mandato del Señor Miau como presidente de los Estados Unidos fue una experiencia única en la historia de este gran país.

Con la dignidad y humildad propias de un verdadero estadista, el Señor Miau continuó desempeñando su cargo hasta el final de su mandato. Al completar sus cuatro años en el cargo, supo que había dejado un legado mucho mayor de lo que cualquiera de sus votantes podría haber imaginado.

Un legado especial, construido sobre la comprensión y el respeto por todas las criaturas, grandes y pequeñas. Ayudó a crear una nación más feliz y divertida.

La nación estadounidense todavía recuerda con una sonrisa el momento en que un gato gobernaba el país con tanta dignidad y gracia. Para muchos estadounidenses, fue el mejor presidente de Estados Unidos de todos los tiempos. Con cariño, muchos todavía se refieren a él como el **"Presidente Purr-fecto"**.